RÉPUBLIQUE FRANÇAISE

MINISTÈRE DU TRAVAIL, DE L'HYGIÈNE, DE L'ASSISTANCE ET DE LA PRÉVOYANCE SOCIALES

CONSEIL SUPÉRIEUR D'HYGIÈNE PUBLIQUE DE FRANCE

RAPPORT

CONCERNANT

L'INTERDICTION ABSOLUE DES BOISSONS ALCOOLIQUES

susceptibles de remplacer l'absinthe

PRÉSENTÉ AU NOM D'UNE SOUS-COMMISSION COMPOSÉE DE

M. POUCHET, *président*; MM. Léon BERNARD, BORDAS, KOHN-ABREST, LORMAND, RADAIS, Jules RENAULT, Eugène ROUX

par M. KOHN-ABREST

MELUN
IMPRIMERIE ADMINISTRATIVE

1926

RÉPUBLIQUE FRANÇAISE

MINISTÈRE DU TRAVAIL, DE L'HYGIÈNE, DE L'ASSISTANCE ET DE LA PRÉVOYANCE SOCIALES

CONSEIL SUPÉRIEUR D'HYGIÈNE PUBLIQUE DE FRANCE

RAPPORT

CONCERNANT

L'INTERDICTION ABSOLUE DES BOISSONS ALCOOLIQUES

susceptibles de remplacer l'absinthe

PRÉSENTÉ AU NOM D'UNE SOUS-COMMISSION COMPOSÉE DE

M. POUCHET, *président*; MM. Léon BERNARD, BORDAS, KOHN-ABREST, LORMAND, RADAIS, Jules RENAULT, Eugène ROUX

par M. KOHN-ABREST

MELUN
IMPRIMERIE ADMINISTRATIVE

1926

RAPPORT

CONCERNANT

L'INTERDICTION ABSOLUE DES BOISSONS ALCOOLIQUES

susceptibles de remplacer l'absinthe

PRÉSENTÉ AU NOM D'UNE SOUS-COMMISSION COMPOSÉE DE

M. POUCHET, *président*; MM. Léon BERNARD, BORDAS, KOHN-ABREST, LORMAND, RADAIS, Jules RENAULT, Eugène ROUX

par **M. KOHN-ABREST**

Le 20 décembre 1924, la Chambre des Députés avait renvoyé à l'examen de sa Commission d'Hygiène une proposition de résolution entraînant l'interdiction absolue des boissons alcooliques remplaçant l'absinthe.

D'autre part, la Commission des boissons de la Chambre, au début de 1925, avait adopté une proposition de résolution (1) en vue d'un adoucissement du décret du 24 octobre 1922 qui a fixé les caractères des liqueurs similaires de l'absinthe et d'en excepter les liqueurs anisées ou autres analogues qui ne renferment pas d'essences cétoniques, et qui ne troublent pas par addition de 7 volumes d'eau.

Le 27 avril 1925, sur le rapport de notre collègue M. le Docteur BORDAS, le Conseil supérieur d'Hygiène, adoptant les conclusions du rapporteur, a émis l'avis qu'il y a lieu, dans l'intérêt de la santé publique d'exiger la stricte application du décret de 1922 (2) tout au moins en ce qui concerne la Métropole.

---

(1) L'Administration est invitée par la Commission à reviser le décret du 24 octobre 1922 c'est-à-dire en exceptant de l'interdiction les produits non édulcorés qui, en raison de leur faible teneur en essence et pendant la période de 1907 à 1915, n'étaient ni passibles de la surtaxe, ni assujettis au minimum de degré établi par les lois des 30 janvier 1907 et du 26 décembre 1908.

(2) *Décret du 22 octobre 1922*:

ARTICLE PREMIER. — Doivent être considérés comme liqueurs similaires au sens de la loi du 17 juillet 1922 tous les spiritueux dont la saveur et l'odeur dominantes sont celles de l'anis et qui donnent, par addition de 4 volumes d'eau distilllée à 15°, un trouble qui ne disparaît pas complètement par une nouvelle addition de 3 volumes d'eau distillée à + 15°.

Toutefois, doivent également être considérés comme liqueurs similaires des spiritueux

Le 9 mars 1925, le Conseil supérieur d'hygiène a bien voulu me désigner pour préparer l'avant-projet à soumettre à la Sous-Commission chargée de donner son avis concernant l'interdiction absolue des boissons alcooliques susceptibles de remplacer l'absinthe en général, et le 5 novembre 1925, je reçus de M. le Conseiller d'État, Directeur de l'Assistance et de l'Hygiène publiques, la lettre suivante :

« Monsieur le Directeur,

« Au cours de la réunion d'une Sous-Commission qui s'est tenue le 9 mars dernier (pour étudier la question de l'opportunité de nouvelles mesures législatives, complétant les dispositions de la loi du 17 juillet 1922 portant interdiction de l'absinthe et des liqueurs similaires), vous avez été chargé spécialement d'étudier la question de la nocivité des boissons alcooliques, autres que celles visées par la loi précitée.

« Je vous prie donc de me faire connaitre si vous avez actuellement réuni à ce sujet la documentation nécessaire, et préparé l'avant-projet qui devra être soumis à l'examen de la Sous-Commission, lors d'une séance dont la date pourrait être fixée à une date assez rapprochée.

« Veuillez agréer Monsieur le Directeur, l'assurance de ma haute considération.

« Le Conseiller d'État

« *Directeur*,

L'interdiction de l'absinthe et de ses similaires marque un important progrès dans la lutte entreprise en France contre l'alcoolisme, mais on ne saurait se contenter de cette proscription et en attendant qu'on en vienne à frapper *l'alcool* lui-même, il convient, tout au moins, d'interdire toutes les boissons qui, par leur teneur en essences, doivent être considérées comme aussi nuisibles que l'absinthe et ses trop nombreux similaires.

I

HISTORIQUE

De tout temps l'alcool a été considéré comme un poison social, mais il faut arriver vers la fin du XIXe siècle pour voir le législateur se préoccuper du fléau et essayer de restreindre, par des réglementations et des prescriptions, la consom-

---

anisés ne donnant pas de trouble par addition d'eau dans les conditions ci-dessus fixées, mais renfermant une essence cétonique et notamment l'une des essences suivantes : grande absinthe, tanaisie, carvi, ainsi que les spiritueux anisés présentant une richesse alcoolique supérieure à 40° ou renfermant moins de 150 grammes de sucre (saccharose) par litre.

mation des alcools. En 1888, (1) Brouardel et Pouchet signalèrent toute l'étendue du danger, et conclurent de la manière suivante :

1° Diminuer autant que possible la consommation de l'alcool ;

2° Assurer, par tous les moyens, la pureté des liquides alcooliques livrés à la consommation ;

3° Les connaissances actuelles permettent de condamner quelques unes des substances contenues dans les alcools ; il faut les proscrire. Mais nos connaissances en cette matière sont encore trop incomplètes pour que nous puissions donner la liste de toutes les substances nuisibles ;

4° Des recherches longtemps continuées, méthodiquement conduites, en utilisant toutes les recherches de la chimie, de la physique, de la physiologie et de l'observation clinique, sont nécessaires pour élucider un grand nombre de points encore obscurs dans la question de l'alcoolisme.

Le 6 juillet 1895, Vaillant avait fait adopter par la Chambre des Députés un amendement interdisant l'absinthe.

L'article 13 de la loi du 29 décembre 1900 disposa que : « le Gouvernement interdira, par décret, la fabrication et la vente de toute essence reconnue dangereuse et déclarée telle par l'Académie de Médecine. »

Le 28 décembre 1900, lors de la discussion de cette loi, E. Vaillant fit adopter par la Chambre des Députés une proposition invitant le Gouvernement à réclamer de l'Académie de Medecine :

« L'indication des liqueurs, des apéritifs, des boissons contenant les essences les plus dangereuses pour la santé publique, afin d'interdire la fabrication, la circulation et la vente de ces liqueurs, apéritifs et boissons. »

Cet article, bien que voté, rencontra des oppositions nombreuses, même au sein du Gouvernement ; toutefois, en 1902, le sénateur Combes transmit à l'Académie de Médecine la demande formulée en vertu de l'article 13 ci-dessus.

Une Sous-Commission composée de : Lancereaux, Laborde, Magnan, Motet présenta, par l'organe de son rapporteur, Laborde, un rapport en tous points remarquable comprenant en annexe des documents justificatifs très complets et dont, en conclusions, il était présenté en 1903 au vote de l'Académie, la subdivision suivante des essences :

1° PREMIÈRE CATÉGORIE

Essences naturelles ou artificielles présentant un caractère *particulièrement toxique* et pouvant être l'objet d'une *proscription absolue :*

Essences naturelles ou artificielles : Absinthe grande ; absinthe petite ; génépi (variété d'absinthe) ; hysope ; badiane ; augusture ; reine des prés (aldéhyde salicylique) ;

---

(1) Recueil des travaux du Comité consultatif d'hygiène, t. XVIII, p. 251.

wintergreen-gaultheria (salicylate de méthyle); noyaux et amandes amères (aldhéhyde benzoïque, acide prussique); rue (ruta graveoleus).

2° DEUXIÈME CATÉGORIE

Essences d'un degré inférieur de toxicité relative dont « l'abus peut être dangereux » et pouvant être l'objet d'une *réglementation spéciale :*

Essences naturelles ou artificielles: menthe; sauge; mélisse; thym; origan; fenouil; anis; coriandre; cumin ou carvi; baies de genièvre; muscade; laurier; aloès; girofle; balsamite; calamus; arnica; santol; cardamone; macis.

Il y eut une longue discussion, parfois ardente et passionnée, au cours de laquelle, M. Hanriot insistait sur:

« La nécessité de comprendre dans les mesures de réglementation à intervenir, non seulement les essences, mais encore l'alcool qui leur sert d'excipient pour la fabrication des liqueurs « à essences », et d'indiquer et préciser ces mesures elles-mêmes de réglementation, cette réglementation étant, d'ailleurs, seule capable de réaliser une amélioration sérieuse, au point de vue de l'hygiène, desdites liqueurs « à essences. »

Il proposait alors :

« La réglementation par le dosage, c'est-à-dire qu'exception faite pour la seule essence d'absinthe, uniquement comprise dans la première liste, entraînant la proscription absolue, la réglementation serait appliquée à toutes les autres essences, en déterminant, d'une part, la teneur ou dose maxima d'essence, qui puisse être tolérée, et, d'autre part, en y associant les conditions de richesse et de pureté de l'alcool qui leur sert d'excipient. »

Mais l'Académie estima qu'il était impossible d'indiquer un chiffre maximum que ne devrait pas dépasser la quantité d'essences contenues dans un litre, en raison de l'incertitude des dosages et de la difficulté de caractériser les différentes essences.

Sur la propositton de Joffroy, le 10 mars 1903, l'Académie de Médecine n'accepta pas la distinction des essences toxiques et peu toxiques qu'on lui avait proposées et votait les conclusions suivantes:

« 1° L'Académie déclare que toutes les essences naturelles ou artificielles sans exception, ainsi que les substances extraites incorporées à l'alcool ou au vin, constituent des boissons dangereuses ou nuisibles ;

« 2° L'Académie déclare que le danger de ces boissons résultant tout à la fois des essences et de l'alcool qu'elles renferment, elles mériteraient, quelle que soit leur base, d'être proscrites et que tout au moins il y a lieu de les surtaxer de telle manière que la surtaxe devienne en quelque sorte prohibitive ;

« 3° L'Académie signale, en particulier, le danger des apéritifs, c'est-à-dire des boissons à essences et à alcool prises à jeun. Le fait que ces boissons sont prises avant les repas rend leur absorption plus rapide et leur toxicité plus active. »

Ces conclusions devaient rester lettre morte jusqu'en 1907 où M. J.-L. Breton présenta un projet de loi tendant à l'interdiction des essences et liqueurs à base d'absinthe.

Les lois du 30 janvier 1907 (art. 15) et du 26 décembre 1908 frappaient les liqueurs et les apéritifs de taxes, dans le but d'en limiter la consommation, mesure absolument inopérante.

Le 8 mars 1908, un projet de loi, couvert par 114 signatures de sénateurs (notamment celles de Lannelongue, Lamarzelle, Leydet, Berenger) fut déposé en vue de la suppression de l'absinthe.

Au cours de la discussion, la Commission fut frappée par l'importance qu'on attachait au point de vue toxicité à la présence de la thuyone dans les liqueurs contenant des essences.

L'Académie de Médecine fut de nouveau saisie à ce sujet et une Commission composée de A. Gautier, Yungfleisch, Hanriot, Peyret, Bourquelot et Moureu conclut par la voix de son rapporteur, M. Moureu, que la présence de la thuyone est constante dans les liqueurs d'absinthe, qu'elle peut se rencontrer, mais généralement en moindre quantité, dans d'autres liqueurs, notamment dans les amers et spiritueux divers. Le rapporteur insistait finalement sur la difficulté à caractériser la thuyone.

En 1910, Vaillant déposa de nouveau une proposition de loi en vue d'interdire, non seulement l'absinthe et ses similaires, mais, d'une manière générale, les liqueurs, apéritifs et vins aromatisés non approuvés par l'Académie de Médecine, ce moyen, objectait Jacques Bertillon (1) mettait le commerce des spiritueux sous l'autorité médicale.

M. Schmidt, député, soumit, en 1911, à la Chambre, un projet de loi portant interdiction de fabriquer, importer, faire circuler et vendre toute liqueur du type « absinthe ».

Mais, malgré les efforts réitérés des hygiénistes, l'absinthe, prohibée dès 1910 en Suisse, Belgique et aux Pays-Bas, ne devait être interdite en France, en Algérie et aux colonies, que par *la loi du 12 février-16 mars 1915*.

« Sont interdites la fabrication, la vente en gros et au détail ainsi que la circulation de l'absinthe et des liqueurs similaires visées par l'article 15 de la loi du 30 janvier 1907 et l'article 17 de la loi du 26 décembre 1908. »

Cette loi a été complétée par celle du 17 juillet 1922, actuellement en vigueur et permettant d'appliquer, au cas de l'absinthe et des liqueurs similaires, les prescriptions du décret du 22 janvier 1922 sur les délits des fraudes.

Mais, s'il était relativement facile de définir l'absinthe (par sa teneur en alcool, en essence et la présence d'essences cétoniques), de graves incertitudes subsistaient au sujet de la définition des « similaires ».

Le décret du 24 octobre 1922 est venu combler cette lacune et la

---

(1) Revue d'hygiène C. R. des séances de la Soc. de Méd. publique, 1912, Jacques Bertillon, sur la nécessité de prohiber l'absinthe, en France, pages 444 à 457.

circulaire de M. le Conseiller d'État Eugène Roux, au nom du Ministre de l'Agriculture, du 22 décembre, a fixé les procédés d'examen des liqueurs suspectes d'être des similaires d'absinthe (1).

Dès que la loi du 16 mars 1915 fut votée les hygiénistes insistèrent pour qu'on aille plus loin au point de satisfaire le désir du législateur de 1900 et interdire en quelque sorte la consommation de toutes les liqueurs à base d'essences.

D'ailleurs, lors de la discussion de la loi, MM. Trouin et Albert Fabre avaient demandé que l'interdiction votée pour l'absinthe, fut étendue aux amers et aux bitters, et quelques jours après, François Fournier, lors de la discussion sur le projet de loi sur la réglementation des débits de boissons présentait le contre-projet suivant qui fut en partie adopté (loi du 9 novembre 1915) :

« Dans aucun débit de boissons, nul ne pourra vendre pour consommer sur place ou à emporter autrement que comme accessoires de la nourriture, des spiritueux, des liqueurs ou des apéritifs autre que ceux à base de vin et titrant moins de 23 degrés. »

L'Académie de médecine sur le rapport de Mosny (2) modifia légèrement cette rédaction et adopta un coefficient de toxicité pour les liqueurs en comptant pour 1 la toxicité d'un degré d'alcool et pour 10 celui d'un gramme d'essence.

Voici, d'ailleurs, les conclusions du rapport de Mosny à la société de Médecine publique:

« Tout en félicitant le Parlement d'avoir adopté la prohibition de l'absinthe et des liqueurs similaires, j'estime qu'il y a lieu de définir celles-ci d'une façon précise et de demander que l'on comprenne sous cette dénomination des liqueurs dont le coeficient de toxicité serait supérieur à 50.....

« La vente des *spiritueux*, des *liqueurs* ou des *apéritifs* autres que ceux à *base de vins et titrant moins de 23 degrés et ne renfermant pas d'essences*, doit être interdite en dehors des salles de restaurant et autrement que comme accessoire de la nourriture. »

Tous les spiritueux, demande également Mosny, les liqueurs alcooliques ou les apéritifs, même ceux à base de vin, seront frappés d'une surtaxe élevée...Il sera interdit de vendre, dans les débits, des boissons alcooliques aux femmes ou aux enfants seuls ou accompagnés de leurs parents, etc....

Toutefois on pouvait critiquer dans la rédaction de l'Academie l'imprécision des termes *spiritueux*, *liqueurs* ou *apéritifs*. Le rapport, très documenté,

---

(1) Il serait utile d'apporter quelques précisions au sujet de la *persistance du trouble* de la liqueur après addition de 7 volumes d'eau. Le trouble, dans certains cas, disparaît seulement au bout de 8 ou 10 jours. Il conviendrait de fixer un délai minimum de la persistance.

(2) Au nom d'une Commission composée de : Monod, Pinard, Hanriot, Gilbert Ballet et Mosny, sur l'instigation de G. Pouchet (voir Revue d'hygiène. C. R. Méd. Publique, Mosny, 1915, p. 402 à 430).

de M. le professeur G. POUCHET en juillet 1915 (1) au Conseil supérieur d'hygiène, au nom d'une Commission composée de POUCHET, Président, ROUX, Directeur du service des fraudes, CHANTEMESSE, BORDAS et MOSNY, mit les choses au point. Il s'agit du rapport sur une proposition de loi susvisée, de VAILLANT, relative à la fabrication et à la vente des liqueurs, apéritifs et vins alcoolisés. M. SCHMITT, député, rapporteur de la Commission d'hygiène de la Chambre chargé d'examiner la proposition de loi de VAILLANT adressait à M. le Ministre de l'Intérieur la lettre suivante qui fut l'objet de l'avis demandé au Conseil supérieur d'hygiène :

« La Commision d'hygiène publique examine en ce moment la proposition de loi de M. Ed. VAILLANT, relative à la fabrication et à la vente des liqueurs, apéritifs et vins alcoolisés.

« Un amendement demandant l'interdiction de la fabrication et de la vente des amers et bitters lui a été renvoyé, lors de la discussion de la loi sur l'interdiction de l'absinthe.

« Elle est saisie en outre :

« D'une proposition tendant à interdire la fabrication et la vente des liqueurs alcooliques titrant plus de 35° et aromatisées avec des essences naturelles et artificielles, et d'une autre, tendant à établir une surtaxe de 500 francs par hectolitre d'alcool pur sur les amers, bitters, vermouths et autres apéritifs à base d'alcool ou de vin aromatisés, ainsi que sur les liqueurs et alcoolats aromatiques.

« Seraient exempts de la surtaxe les vins, liqueurs et alcoolats fabriqués d'après le Codex, ainsi que les alcoolats destinés à la parfumerie.

« Tous les concentrés d'essences et d'extraits destinés à la fabrication des boissons surtaxables seraient soumis aux dispositions édictées par l'article 17 de la loi du 29 janvier 1907.

« Seraient punis des peines édictées par l'article 18 de la même loi les contraventions aux dispositions de cet article et à celles du décret rendu pour son exécution.

« Les contestations qui pourraient s'élever sur la nature des produits visés seraient déférées aux commissaires experts.

« La Commission d'hygiène publique m'a prié de vous demander en son nom votre avis sur ces diverses propositions.

« Elle vous serait, en outre, reconnaissante de bien vouloir lui faire savoir si le Gouvernement appuierait une proposition d'interdiction totale ou partielle des boissons à essences ou tout au moins une proposition tendant à réglementer la fabrication et la vente ou à en enrayer la consommation par une simple surtaxe ou par tel autre procédé qui lui paraîtrait plus pratique ou plus efficace. Il semble à votre Commission qu'après l'interdiction de l'absinthe, il est nécessaire de s'attaquer aux autres boissons à essences telles que les amers, vermouths et autres apéritifs, liqueurs aromatiques et alcoolats tels que le vulnéraire, dont la consommation a une influence particulièrement nuisible sur la santé publique.

« Elle espère obtenir l'appui du Gouvernement dans l'effort législatif qu'elle est résolue à poursuivre contre cette variété d'alcoolisme. »

Dans son rapport, M. le professeur POUCHET définit les spiritueux (boissons dans la préparation desquelles intervient de l'alcool obtenu par

(1) Voir annexes.

distillation). — Les *spiritueux* se subdivisent en 3 groupes : *eaux-de-vie, liqueurs, vins aromatisés*.

L'eau-de-vie est le produit généralement rectifié de la distillation d'un moût fermenté, quel qu'il soit (voir en annexe le rapport de M. Pouchet).

Les *liqueurs* sont définies par le décret du 28 juillet 1908 :

« La dénomination de liqueur est réservée aux eaux-de-vie ou alcool aromatisés, soit par macération de substances végétales, soit par distillation en présence de ces mêmes substances, soit par addition de produits de la distillation desdites substances en présence de l'alcool ou de l'eau, soit par l'emploi combiné de ces divers procédés. Les préparations ainsi obtenues peuvent être édulcorées au moyen de sucre, de glucose ou de miel. »

Les *vins aromatisés* sont :

« Des vins additionnés d'alcool d'industrie ou d'eau-de-vie de vin et aromatisés par macération de substances végétales diverses contenant des essences, des substances astringentes et, dans certains cas, des alcaloïdes (vermouth, quinquina). »

Les spiritueux contenant des essences visés par la loi de 1900 *(art. 13)* sont les liqueurs et les vins aromatisés.

M. le professeur Pouchet fit observer :

« Qu'à lui seul l'alcool constitue une substance toxique dont les effets nocifs ne sont plus à démontrer, mais cette influence néfaste est encore exaltée par les aldéhydes, les cétones, les éthers qui se forment au cours de la fermentation ou qui existent à l'état naturel. »

A dose égale d'alcool, les spiritueux sont, déclare M. Pouchet, d'autant plus dangereux qu'ils renferment plus d'essences, car toutes les essences sont nuisibles et plus spécialement les essences du groupe du menthane (thuyone, etc...). Les liqueurs sont, d'autre part, d'autant plus dangereuses que leur « coefficient de séduction » est d'autant plus grand, et engagent, par suite, le consommateur à en absorber davantage. Il est donc indiqué de proscrire absolument l'emploi des plantes contenant de la thuyone ou composés de ce groupe : absinthe, armoise, tanaisie, tuya, sabine, sauge, etc. ainsi que les produits renfermant de l'aldéhyde benzoïque ou capables d'en mettre en liberté par simple hydratation en présence d'un ferment soluble. L'eau de mélisse, le vulnéraire, l'alcool de menthe, dit M. Pouchet, deviendraient ainsi des produits pharmaceutiques. Ils constituent, en effet, de très utiles et très intéressants médicaments.

L'anisette, le curaçao, le raspail, la chartreuse, entre autres liqueurs fréquemment consommées, verraient leur formule modifiée de façon à réduire leur teneur en essences. Les vermouths, les bitters, les quinquinas ne pourraient subsister qu'au prix de profondes modifications de leur formule, et la limitation du degré d'alcool en même temps que de la richesse en essences, supprimerait ou transformerait complètement les spiritueux vaguement désignés par la qualification *d'amers*.

Les conclusions du rapporteur adoptées par la commission et par le Conseil Supérieur d'hygiène comportent :

A) Des mesures d'ordre général ;
B) Des mesures spéciales.

A) Abolition du privilège des bouilleurs de crus. Surtaxe sur les alcools dont le degré dépasse 15°. Application rigoureuse de la loi sur l'ivresse et limitation du nombre des débits. Interdiction de vendre des spiritueux aux femmes et aux enfants. Interdiction de la vente des spiritueux par des commerçants non spécialement autorisés, etc...

B) 1° Interdiction de vendre des eaux-de-vie titrant plus de 50° ;

2° Interdiction de la fabrication, de la circulation et de la vente de toutes liqueurs et vins aromatisés titrant plus de 25° d'alcool, chacune de ces boissons ne devant par renfermer, en outre, plus d'un demi-gramme d'essences ou d'alcaloïdes par litre ;

3° Interdiction de l'emploi pour aromatiser les boissons spiritueuses de produits chimiques ou de plantes renfermant, parmi leurs constituants normaux, de la thuyone, de l'aldéhyde benzoïque, de l'aldéhyde et des éthers salicyliques ;

4°) Interdiction de la vente des spiritueux en dehors des salles de restaurant et autrement que comme accessoire de la nourriture.

Il demeure bien entendu que les vins doux naturels et les vins de liqueur, tels que : Banyuls, Frontignan, Xérès, Madère, Porto, Malaga, ainsi que les vins de liqueur préparés à la façon de ces derniers ne seront pas considérés comme faisant partie du groupe des vins aromatisés.

Ils seront seulement passibles d'une surtaxe par hectolitre d'alcool pur au-dessus de 15° et ne devront pas dépasser 25°.

Bientôt après, le 26 août 1915, M. Ribot, Ministre des Finances, déposa un projet de loi sur le régime des alcools qui, en son article 8, s'inspirait de l'avis du Conseil supérieur d'hygiène et renfermait la disposition suivante :

« La teneur globale maximum en essences de toutes sortes que peuvent renfermer les boissons alcooliques est fixée à 0 gr. 50 par litre. »

Mais il n'était pas question, dans ce projet, de supprimer les essences cétoniques, mais seulement de réglementer la teneur en essences totale.

M. Muttelet, d'une part, montra les difficultés qu'il y a de déterminer la quantité totale d'essences et établit un procédé gravimétrique (1) permettant, à 10 p. 100 près, de doser les essences, s'appliquant à tous les cas, notamment

(1) Annales de chimie analytique 1916, pp. 50 à 55.

ceux où les déterminations de l'indice d'iode (1) ne permet pas de calculer assez exactement la quantité totale d'essences.

M. Rocques, d'autre part, dont la compétence est universellement reconnue, présentait, le 10 mai 1916, à la Société des Chimistes experts, un rapport au nom d'une Commission composée de MM. Rocques, Coudon, Muttelet et Ronnet où il est établi que la méthode volumétrique (indice d'iode) ne pourra être utilisée, pour les liqueure dites digestives (chartreuse, bénédictine, liqueurs jaunes etc, etc... menthe et curaçao).

Elle pourra l'être pour l'anisette (indice d'iode 1,450), pour les kummels (2,400). D'une manière générale, en cas de contestation, il y aura lieu de procéder à la méthode pondérale.

Ce rapport fit remarquer, chose importante, que les liqueurs de marques connues et appréciées ont une teneur en essences supérieure à 0 gr. 500 par litre, limite fixée par le projet de loi ; elle atteint et dépasse même 2 grammes par litre, pour certaines liqueurs, telles le *curaçao*.

Enfin l'analyse faite par M. Rocques des vermouths français a montré que ceux-ci ne contiennent pas une quantité d'essences appréciable à l'analyse (2).

Mais ces projets de limitation de la teneur en essences des boissons alcooliques n'ont pas eu de suite.

Toutefois, le législateur a tenu compte, dans une certaine mesure, de l'avis du Conseil supérieur d'hygiène puisqu'il est stipulé, fait très important, dans la loi du 9 novembre 1915 sur le régime des débits de boissons (loi Ribot), Titre II, article 10, que :

« *Nul ne pourra ouvrir un café, un cabaret ou un débit de boissons pour y vendre à consommer sur place des spiritueux, des liqueurs alcooliques ou des apéritifs autres que ceux à base de vin titrant moins de 23 degrés.*

« *L'interdiction n'est pas applicable aux hôtels restaurants et auberges lorsque les boissons n'y seront offertes qu'à l'occasion et comme accessoire de la nourriture*(3). »

C'est, en somme, à peu de chose près, le texte de François Fournier que nous avons reproduit ci-dessus.

Mais cette prohibition pourtant bien nette est, elle aussi, restée lettre morte; au contraire, la réglementation des similaires d'absinthe de 1922 permet la vente libre des liqueurs à base d'anis, titrant *40° d'alcool*. Aux termes de la loi de 1915, aucune de ces liqueurs ne devrait être vendue dans les cafés, et autres débits de boissons.

M. Cadeac (4) dans une étude « Des apéritifs anisés » parue en octobre

---

(1) L'indice d'iode est le chiffre de la quantité d'iode en grammes absorbée par litre de liquide.

(2) La détermination de l'indice d'iode dans les vermouths est faussée par la présence de l'acide sulfureux du vin blanc.

(3) Art. 13. — Il est interdit aux marchands ambulants de vendre en détail, soit pour consommer sur place, soit pour emporter, les boissons désignées à l'article 10.

(4) *Revue d'hygiène* 1925, pp. 890-904.

1925, s'élève d'ailleurs vigoureusement contre cette tolérance des liqueurs d'anis.

« On savait pourtant, dit M. Cadeac, que l'essence d'anis constituait les deux tiers des essences qui entraient dans la composition de la liqueur d'absinthe et qu'elle avait fait tout le succès de cette liqueur. Après sa disparition, on ne consommait plus guère, comme apéritif, que du vin blanc. Le décret du 24 octobre destiné a empêcher la fabrication des liqueurs similaires de l'absinthe, a fait éclore une foule d'apéritifs anisés... Si l'on examine et si l'on goûte ces apéritifs, après addition d'eau, on est tenté de croire qu'on a fait de l'absinthe sans absinthe ».

Et pourtant, ce ne sont pas, aux termes du décret, des similaires d'absinthe, alors, qu'en réalité, ils évoquent parfaitement le parfum et le goût de la liqueur d'absinthe que ses fidèles buveurs sont heureux de retrouver.

M. Cadeac, dont la compétence est indiscutable, rappelle que sans *anis*, il n'y aurait jamais eu « *d'absinthisme* » parce qu'une liqueur ayant le goût de l'absinthe vraie (très amère) n'aurait eu aucune chance de plaire, et le « charme de l'absinthe, c'était le charme de l'anis ».

L'essence d'anis et de badiane sont peu toxiques eu égard des *essences cétoniques* toutes prohibées, (absinthe, tanaisie, sauge, hysope, carvi, fenouil) néanmoins, des effets dominants de l'essence d'anis et de badiane se traduisent par de la dépression, abattement, insensibilité relative et somnolence; *son action à jeun* est, à ce point de vue, très nette, 45 gouttes d'essence d'anis sur un morceau de sucre sont très actives chez l'homme, alors qu'une dose double prise après le repas n'exerce que des effets insignifiants.

Nous connaissons, d'autre part, des cas d'intoxication graves survenus avec des essences de badiane.

Toutefois, ajoute M. Cadeac, ce ne sont pas les 38 milligrammes d'essence d'anis absorbés à la fois par un buveur de liqueur d'anis qui l'intoxiquent mais en engageant le buveur à absorber une quantité importante d'alcool, cette dose est une cause indirecte d'intoxication alcoolique.

Quant aux *bitters, amers*, même les vermouths, M. Cadeac les qualifie de dangereux en raison de la présence, dans ces liqueurs, *d'essences cétoniques*.

Revenant aux apéritifs anisés qu'il condamne sévèrement en raison de leur teneur élevée en alcool, M. Cadeac dit ceci:

« Si l'on n'y prend garde, les apéritifs anisés nous achemineront vers l'absinthe dont la résurrection est plus proche qu'on ne pense; le seul remède efficace, c'est de reprendre la proposition faite par François Fournier et reproduite par l'Académie de Médecine sous forme de vœu ainsi conçu:

« Qu'une loi interdise la vente des spiritueux, des liqueurs ou des apéritifs autres que ceux à base de vin, titrant moins de 23° et ne renfermant pas d'essence, en dehors des salles de restaurant et autrement que comme accessoire de la nourriture. »

Les craintes de M. Cadeac concernant la résurrection de l'absinthe sont assez justifiées, si l'on se rapporte à la note ci-jointe de M. Eugène Roux,

* *

Conseiller d'État, où il enregistre la faillite du décret du 24 octobre 1922 dans certains départements.

25 mars 1926.

NOTES SUR LES SIMILAIRES D'ABSINTHE

« L'application du décret du 24 octobre 1922 sur les similaires d'absinthe rencontre les plus grandes difficultés dans la région méditerranéenne, de Cette à Nice, en remontant jusqu'à Avignon.

« Si les grands cafés et les hôtels importants respectent le décret et se refusent à servir à leur clientèle d'autres spiritueux anisés que ceux dont la vente est autorisée par le décret précité, on peut dire que la presque totalité des établissements moyens et tous les débits vendent, ostensiblement, de véritables similaires d'absinthe. La clientèle abandonne peu à peu les premiers qui, très justement, se plaignent d'une concurrence déloyale, qui les mène à la ruine et demandent à l'administration de les défendre en appliquant la loi. Ils accusent les agents de la régie et du Service des fraudes, d'indolence, et les tribunaux d'indulgence excessive.

« Le décret du 24 octobre 1922 exige que les apéritifs à saveur dominante d'anis titrant moins de 40° d'alcool, renferment peu d'essences d'anis de badiane, etc... (à l'exception des essences cétoniques) et, inversement, qu'ils soient fortement sucrés (au moins 150 grammes de sucre par litre). En fait, les seuls spiritueux anisés dont la vente soit permise sont du type de l'anisette. Or, dans le Midi, les consommateurs persistent à exiger qu'on leur serve un apéritif anisé, plus alcoolique, plus chargé en essences et beaucoup moins sucré ou même non sucré. C'est ainsi que s'est développée la vente clandestine de similaires d'absinthe que les initiés désignent sous la dénomination générale de « Pastis ».

« Tantôt les débitants fabriquent eux-mêmes leur « Pastis » au moyen d'alcool qu'ils se procurent en fraude chez les bouilleurs de cru ou qu'ils achètent ostensiblement à des distillateurs ou à des pharmaciens, sous forme d'alcool à 80°. Ils aromatisent ledit alcool en y faisant infuser des paquets préparés composés d'anis, de badiane, etc... qui leur sont vendus par des pharmaciens, des herboristes, notamment. L'aromatisation se fait aussi, plus simplement, par des extraits ou des essences vendus en flacons ou par des extraits sous forme de comprimés.

« Enfin, un certain nombre de maisons de Marseille préparaient même, paraît-il, du « pastis » prêt à la vente, c'est-à-dire des similaires d'absinthe. Une enquête est ouverte à ce sujet.

« Pour mettre fin à cette situation, les hôteliers et propriétaires des grands cafés du Midi, ainsi que les distillateurs demandent qu'une répression impitoyable de la vente du « pastis » soit organisée, ou bien si l'administration reconnait son impuissance, que le décret soit modifié en ce qui concerne le sucrage des spiritueux anisés, en abaissant fortement la dose de sucre exigée.

« Le Service de la répression des fraudes estime que modifier le décret serait abandonner l'interdiction de la vente des similaires d'absinthe.

« *Signé :* E. Roux. »

D'autre part, antérieurement à cette note du 12 décembre 1925, M. Fié, député, a déposé au nom de la Commission d'hygiène de la Chambre une étude

très documentée, sur le même sujet, de laquelle nous venons seulement d'avoir connaissance.

Ce rapport très substantiel retrace également les diverses étapes de la lutte contre l'usage des apéritifs contenant des essences et se termine par la proposition de loi suivante qui s'inspire des propositions ou vœux présentés à l'Académie de médecine les 2 et 16 mars 1915 et dont nous avons donné ci-dessus les extraits :

PROPOSITION DE LOI

Article unique

La fabrication et la vente en gros et au détail et la circulation des apéritifs à base d'alcool et d'essence ne seront tolérées que pour les apéritifs aromatisés ne titrant pas plus de 23° et ne renfermant qu'un demi-gramme d'essence par litre.

Toutefois, les liqueurs sucrées contenant plus de 300 grammes de sucre par litre seront admises jusqu'à 30° d'alcool. Les contraventions au paragraphe premier du présent article seront punies de la fermeture de l'établissement et, en outre, à la requête de l'Administration des contributions indirectes, des peines fiscales prévues par l'article premier de la loi du 28 février 1872 et par l'article 19 de celle du 30 janvier 1907.

II

Il résulte de cet historique qu'on ne saurait lire trop attentivement que, depuis la prohibition de l'absinthe (1915), la loi sur le régime des débits de boissons apporte une disposition excellente au point de vue de l'hygiène publique, c'est la prohibition dans les débits etc., des liqueurs ou apéritifs à plus de 23 degrés d'alcool. Malheureusement, cet article (10. Titre II de la loi du 9 novembre 1915) est restée lettre morte. Bien plus! Le décret du 24 octobre 1922 sur les similaires d'absinthe est venu permettre la vente libre de liqueurs d'anis titrant 40° d'alcool, à condition qu'ils ne présentent pas les caractères légaux des similaires d'absinthe.

Il s'agit donc, même en tenant compte des clauses imposées, pour que ces liqueurs d'anis soient licites, d'une violation formelle des prescriptions de l'article susvisé de la loi de 1915.

Les critiques de M. Cadéac (1) concernant cette tolérance pour les liqueurs d'anis, sont très justifiées et il nous paraît tout indiqué que, même ces liqueurs doivent rentrer dans le droit commun.

Ce droit se déduit des conclusions des rapports de nos hygiénistes qui,

(1) Voir ci-dessus.

depuis plus de 25 ans, apportent toute leur science à la lutte contre l'alcoolisme ; il peut se formuler par un projet de loi s'inspirant du texte de François FOURNIER, remanié par l'Académie de Médecine en 1915, qui a provoqué le vote de l'article 10, titre II de la loi sur les régimes des boissons que nous venons de citer. Ce projet constituerait une modification légère de cet article.

Il s'agirait, en effet, d'interdire dans les cafés, cabarets, débits de boissons, de vendre des spiritueux autres que ceux à base de vin, et ces spiritueux ne devront pas titrer plus de 23 degrés, ni contenir des essences.

Cette interdiction ne s'étendrait pas, provisoirement du moins, aux restaurants et endroits assimilés, où d'ailleurs les boissons alcooliques ne pourraient être servies que comme accessoire immédiat d'un repas à titre de « digestif ».

Ultérieurement, on pourrait envisager des mesures qui frapperaient d'interdiction, la fabrication des liqueurs contenant des essences, exception faite de celles qui, telles le vulnéraire, l'arquebuse, seraient destinées à des usages pharmaceutiques.

L'interdiction concernant la vente, dans les débits de boissons énoncés ci-dessus, viendrait couronner logiquement les débats institués depuis un quart de siècle au Parlement, à l'Académie de Médecine, au Conseil supérieur d'Hygiène et les rapports si nombreux des hygiénistes.

Le principal danger de beaucoup d'apéritifs est fait surtout de leur forte teneur en alcool ; la présence des essences y est, d'autre part, un adjuvant toxique, quelle que soit la nature de ces essences. D'abord en raison de la toxicité propre de certaines d'entre elles, ensuite parce que, même non toxiques, les essences servent à rendre la consommation de l'alcool à forte dose plus agréable. Le moins que l'on puisse dire de ces essences, c'est d'être « la sauce qui fait passer le poison ».

La suppression des apéritifs à essence, rendant moins agréable la consommation de l'alcool, apporterait déjà, de ce fait, une diminution des risques d'alcoolisme.

Notre projet de résolution tend donc à supprimer la consommation courante des spiritueux, notamment celle des amers, bitters dont le degré alcoolique dépasse 25° et dont la teneur en essence est des plus variables ; elle atteint également toutes les liqueurs d'anis, même celles qui ne sont pas légalement des similaires d'absinthe. Par contre elle laisse passer certains vermouths, ceux qui, conformément aux données de MM. ROCQUES et MUTTELET, présentent une teneur en essence négligeable. Le byrrh, les quinquinas restent autorisés, le commerce des vins dits de liqueurs : Porto, Banyuls, Madère, serait absolument intact.

On voit qu'il y a, pour les amateurs de boissons alcooliques, une marge encore très grande, trop grande même à notre avis.

On pourrait ultérieurement, ainsi que l'indiquait M. le professeur POUCHET au nom de la Commission du Conseil supérieur d'Hygiène en 1915, ramener des liqueurs telles que l'anisette, à la composition classique (très forte teneur en sucre) et classer parmi les produits purement pharmaceutiques le vulnéraire, la liqueur d'arquebuse, etc...

Enfin, notre projet de résolution aurait comme conséquence de stimuler la consommation des vins, trop souvent méconnus et dont le pouvoir apéritif équivaut à celui de bien des liqueurs jouissant d'une réputation surfaite.

CONCLUSIONS

Votre Rapporteur a donc l'honneur de vous proposer le projet de résolution suivant :

Le Conseil supérieur d'Hygiène publique de France soucieux de voir disparaître l'alcoolisme ;

Vu les délibérations du Parlement, les lois de 1915 et 1922 visant l'interdiction de l'absinthe et ses similaires ;

Vu ses propres délibérations de 1888 et de 1915 (Rapport de M. le professeur Pouchet), les délibérations de l'Académie de Médecine du 13 juillet 1915, le projet de M. François Fournier, député ;

Vu l'article 10, titre II, de la loi sur le régime des débits de boissons, etc.

ÉMET L'AVIS :

1° Qu'un nouveau dispositif soit introduit dans la législation concernant le régime des débits de boissons aux fins, conformément aux indications de l'Académie de Médecine et des auteurs de la loi du 9 novembre 1915, d'interdire définitivement, dans les cafés, cabarets, débits de boissons en général, la vente des liqueurs, vins aromatisés, etc... lorsque ces liquides titrent plus de 25 degrés d'alcool et lorsqu'ils renferment des essences en doses dépassant une limite à fixer ultérieurement (1), enfin lorsqu'ils contiennent des alcaloïdes toxiques.

Cette interdiction ne s'étendrait pas provisoirement aux restaurants et établissements analogues où les liquides ne rentrant pas dans la catégorie susvisée ne pourraient être servis que comme accessoire immédiat du repas à titre uniquement de « digestif » ;

2° Qu'il y aurait lieu d'étudier les mesures à prendre en vue de l'interdiction de la fabrication des liqueurs à base d'essences autres que celles pouvant être susceptibles d'usages pharmaceutiques.

(*Voir annexe.*)

(1) Elle nous parait devoir être comprise entre 50 et 70 milligrammes exprimée en indice d'iode.

ANNEXE

RAPPORT SUR UNE PROPOSITION DE LOI RELATIVE A LA FABRICATION ET A LA VENTE DES LIQUEURS, APÉRITIFS ET VINS ALCOOLISÉS (1)

présenté par M. Pouchet,

au nom d'une Commission composée de MM. Pouchet, *président*, Roux, *directeur du service des fraudes*, Chantemesse, Bordas, et Mosny.

Le Conseil supérieur d'hygiène est consulté par M. le Ministre de l'Intérieur relativement à plusieurs propositions de loi destinées à combattre l'alcoolisme et qui sodt résumées dans la lettre suivante de M. Schmidt, député, rapporteur à la chambre de la commission d'hygiène publique à laquelle ont été renvoyés ces projets.

« Monsieur le Ministre,

« La Commission d'hygiène publique examine en ce moment la proposition de loi de M. Ed. Vaillant, relative à la fabrication et à la vente des liqueurs, apéritifs et vins alcoolisés.

« Un amendement demandant l'interdiction de la fabrication et de la vente des amers et bitters lui a été renvoyé, lors de la discussion de la loi sur l'interdiction de l'absinthe.

« Elle est saisie en outre :

« D'une proposition tendant à interdire la fabrication et la vente des liqueurs alcooliques titrant plus de 35° et aromatisés avec des essences naturelles et artificielles.

« Et d'une autre tendant à établir une surtaxe de 500 francs par hectolitre d'alcool pur sur les amers, bitters, vermouths et autres apéritifs à base d'alcool ou de vin aromatisés, ainsi que sur les liqueurs et alcoolats aromatiques.

« Seraient exempts de la surtaxe les vins, liqueurs et alcoolats fabriqués d'après le codex, ainsi que les alcoolats destinés à la parfumerie.

« Tous les concentrés d'essences et d'extraits destinés à la fabrication des boissons surtaxables seraient soumis aux dispositions édictées par l'article 17 de la loi du 29 janvier 1907.

« Seraient punis des peines édictées par l'article 18 de la même loi les contraventions aux dispositions de cet article et à celles du décret rendu pour son exécution.

« Les contestations qui pourraient s'élever sur la nature des produits visés seraient déférées aux commissaires experts.

(1) 4 juillet 1915.

« La Commission d'hygiène publique m'a prié de vous demander en son nom votre avis sur ces diverses propositions.

« Elle vous serait en outre reconnaissante de bien vouloir lui faire savoir si le Gouvernement appuierait une proposition d'interdiction totale ou partielle des boissons à essences ou tout au moins une proposition tendant à en réglementer la fabrication et la vente ou à en enrayer la consommation par une simple surtaxe ou par tel autre procédé qui lui paraîtrait plus pratique ou plus efficace.

« Il semble à votre commission qu'après l'interdiction de l'absinthe, il est nécessaire de s'attaquer aux autres boissons à essences telles que les amers, vermouths et autres apéritifs, liqueurs aromatiques et alcoolats tels que le vulnéraire, dont la consommation a une influence particulièrement nuisible sur la santé publique.

« Elle espère obtenir l'appui du Gouvernement dans l'effort législatif qu'elle est résolue à poursuivre contre cette variété d'alcoolisme(1). »

A ces propositions sont venues se joindre deux autres : l'une portant interdiction de la fabrication, la circulation et la vente des liqueurs, apéritifs et vins aromatisés, l'autre stipulant que la vente des liqueurs spiritueuses à consommer sur place est interdite avant neuf heures du matin.

Ces diverses propositions venant après la suppression de l'absinthe montrent que l'opinion publique a enfin compris la gravité du péril alcoolique et que l'on est résolu, en haut lieu, à faire le nécessaire pour le conjurer. Depuis bien longtemps déjà, la gravité de ce péril a été signalée ; il n'y aurait rien à retrancher et peu de choses à ajouter au rapport très documenté soumis en 1888 au Comité consultatif d'hygiène publique par notre regretté président d'alors, Brouardel, et votre rapporteur actuel.

Il s'agit maintenant non plus de démontrer ce danger, il est reconnu par tout le monde, mais de rechercher et de mettre en œuvre des mesures qui puissent efficacement l'entraver sinon le supprimer absolument. Ces mesures pourront, dans certaines de leurs parties sembler quelque peu attentatoires à la liberté du commerce, mais le but qu'elles se proposent et les résultats que l'on obtiendra certainement par leur stricte application, compenseront largement ces licences et justifieront leur adoption.

Le vote récent de la loi relative à la suppression de l'absinthe et de ses similaires est un premier et décisif pas fait dans cette voie, mais il reste encore beaucoup de boissons presque aussi dangereuses que l'absinthe dont la suppression serait désirable.

La qualification de *similaires de l'absinthe* employée dans le texte de la loi donne prise à de multiples difficultés en raison de son indécision et il est d'abord nécessaire de s'entendre sur ce point.

Les discussions qui se sont élevées récemment à ce sujet à l'Académie de Médecine et au sein d'autres sociétés savantes, montrent combien il est difficile, pour ne pas dire impossible, de conserver cette désignation si l'on veut aboutir. D'autre part la proposition radicale de M. Ed. Vaillant qui supprimerait la fabrication, la circulation et la vente des liqueurs, apéritifs et vins aromatisés atteint bien le but, mais je dirai le dépasse et frappe inutilement des boissons dont la consommation en quantité raisonnable ne saurait être nuisible. Cela équivaudrait à supprimer, pour entra-

(1) Recueil des travaux du Comité consultatif d'hygiène publique, t. XVIII, séance du 28 mai 1888, p. 251... De la consommation de l'alcool dans ses rapports avec l'hygiène.

ver l'alcoolisme, toutes les boissons alcooliques, y compris les vins, cidres et bières. Cela constitue vraiment une exagération.

Il a semblé à votre commission qu'il serait possible d'atteindre les boissons les plus nuisibles en établissant une classification parmi les spiritueux actuellement fabriqués, en proscrivant impitoyablement certains d'entre eux et en réglementant la préparation et la composition des autres. A cet égard, les documents fournis à votre commission par M. Roux, Directeur du service des fraudes, lui ont été de la plus grande utilité.

L'examen des diverses propositions soumises à l'étude du Conseil supérieur d'hygiène, aussi bien que du texte de la loi votée en ce qui regarde la suppression de l'absinthe et de ses similaires, permet de constater l'existence d'une certaine confusion, quant aux dénominations employées par les auteurs, pour désigner les diverses catégories de spiritueux visés; et cette confusion n'est pas de nature à simplifier la discussion d'une question déjà si complexe par d'autres côtés. Il est nécessaire de faire cesser cette confusion en adoptant le classement suivant.

Le mot *spiritueux* est l'expression qu'il convient d'employer pour désigner d'une manière générale, les boissons dans la préparation desquelles intervient de l'alcool obtenu par distillation.

La dénomination « spiritueux » ne s'applique par conséquent pas au vin, au cidre, à la bière, qui sont des boissons dont l'alcool résulte directement de la fermentation de leurs éléments sucrés et non d'une addition.

Aussi bien les propositions de loi dont il s'agit ne visent-elles pas ces boissons, mais l'ensemble des autres boissons alcooliques. C'est cet ensemble qui constitue la famille des spiritueux laquelle comprend trois groupes: eaux-de-vie, liqueurs, vins aromatisés.

A) Le premier groupe est celui des *eaux-de-vie*. La distillation d'un moût fermenté, quelqu'il soit, donne une eau-de-vie, mélange d'alcool et d'eau, dont l'arôme est dû à la présence de petites quantités de substances volatiles, entraînées par la distillation et qui, pour chaque eau-de-vie, sont caractéristiques.

I. — La distillation des moûts sucrés fermentés obtenus au moyen de betteraves, de pommes de terre ou de topinambours, donnent une eau-de-vie exécrable; celle-ci est soumise à une nouvelle distillation (rectification) qui permet d'en extraire l'alcool.

Le produit obtenu est l'alcool d'industrie, c'est-à-dire un produit presque chimiquement pur; la garantie de sa pureté résultant du fait qu'en raison de son origine, la moindre impureté rendrait cet alcool inconsommable.

Réduit au degré de consommation par addition d'eau, c'est-à-dire ramené à 30°, à 40° suivant le prix et les régions, il constitue l'eau-de-vie blanche, la blanche, ainsi qu'on la dénomme dans les milieux ouvriers. Colorée avec un peu de caramel et plus ou moins aromatisée avec une infusion de coques d'amandes et du brou de noix, des infusions de tilleul ou de jus de pruneaux et plus ou moins vanillée, elle devient l'eau-de-vie jaune, la jaune tout simplement.

II. — La distillation des mouts sucrés fermentés obtenus au moyen de céréales, donne une eau-de-vie qui, dans certains cas, peut entrer immédiatement dans la consommation, parce que l'odeur et le goût des impuretés qu'elle contient ne sont pas désagréables.

C'est ainsi que le « genièvre » est l'eau-de-vie obtenue par la distillation simple du seigle, du blé, de l'orge et de l'avoine (2e paragraphe de l'article 15 de la loi du 30 mars 1902). A la même catégorie appartienent: Fin, Schiedam, Whisky, Arrack, qui sont des eaux-de-vie de grains.

Mais la majeure partie des eaux-de-vis de grains est soumise à la rectification et donne de l'alcool ou trois-six de grains. Il entre en consommation sous forme d'eau-de-vie blanche ou jaune, comme l'alcool de betteraves ou de pommes de terre précédent ; mais, plus fin que ce dernier et non moins pur, il sert plutôt à la préparation des liqueurs et au coupage avec les eaux-de-vie de vin.

III. — Enfin, la distillation des jus fermentés, des fruits sucrés, donne une eau-de-vie impure, mais qu'on se garde bien de rectifier, puisque les impuretés qu'elle renferme en font toute la valeur.

Telles sont les eaux-de-vie de vin, de marc, de cidre, de cerises et de merises (kirsch, marasquin) de prunes, mirabelles, quetsch, etc.., de cannes à sucre et de mélasses de cannes à sucre, (rhum et tafia).

En principe, ces spiritueux devraient entrer dans la consommation tels qu'ils résultent de la distillation, après avoir été simplement ramenés au degré de consommation par addition d'eau, mais on tolère qu'ils soient colorés par addition de caramel.

Cette coloration est d'usage constant pour les rhums et tafias, qu'on ne débite jamais à leur état naturel, c'est-à-dire incolores. Elle est habituelle pour les eaux-de-vie de vin. Au contraire, on s'efforce d'empêcher le kirsch et les eaux-de-vie de prunes, mirabelles, quetsch, de se colorer avec le temps, d'ou leur conservation dans des bonbonnes de verre.

En résumé, les eaux-de-vie forment deux catégories : celles qui sont constituées par de l'alcool rectifié et celles qui résultent simplement de la distillation de moûts fermentés et qu'on désigne généralement sous la dénomination *d'eaux-de-vie naturelles.*

Au point de vue chimique, les premières sont des dilutions d'alcool pour ainsi dire pur, les secondes sont d'autant plus impures que leur bouquet est plus prononcé. L'analyse est impuissante à caractériser, au moins complètement, la nature desdites impuretés. Aussi se contente-t-on de les grouper d'après leur nature chimique en *alcools supérieurs* (du type de l'alcool analytique et de l'alcool isobutylique) aldehydes, acides et ethers. Le poids obtenu par le dosage de chacun de ces groupes de produits est exprimé en grammes par hectolitre d'alcool pur, supposé à 100° et le total des chiffres constitue le cœfficient *non alcool.* L'alcool d'industrie fournit à l'analyse un cœfficient qui peut descendre au-dessous de 10, lorsqu'il s'agit de produits bien rectifiés, tandis que les eaux-de-vie naturelles (cognac, marc, kirsch, rhum, etc..) fournissent des chiffres variant de 300 à 900. On voit que la quantité des alcools supérieurs aldéhydes, acides et éthers qu'elles renferment atteint la quantité, qui n'est pas négligeable, de 1 gr. à 3 gr. par litre d'eau-de-vie supposée à 40°.

Les sauces et bonificateurs n'introduisent guère dans les eaux-de-vie que des principes colorants et aromatiques en proportion à peine durable : d'ailleurs la loi du 28 juillet 1912 a interdit la fabrication et la vente de ceux de ces produits dont l'emploi permettait de donner à de l'alcool d'industrie les caractères d'une eau-de-vie naturelle en faussant les résultats de l'analyse.

B) Le *second groupe* des spiritueux comprend des *liqueurs*. Voici la définition qu'en donne le décret du 28 juillet 1908;

« La dénomination de liqueur est réservée aux eaux-de-vie ou alcools aromatisés, soit par macération de substances végétales, soit par distillation en présence de ces mêmes substances, soit par addition des produits de la distillation desdites substances en présence de l'alcool ou de l'eau, soit par l'emploi combiné de ces divers procédés. Les préparations ainsi obtenues peuvent être édulcorés au moyen de sucre, de glucose ou de miel. »

Cette dénomination « liqueur » s'applique donc à l'immense variété des produits préparés par les distillateurs, par macération ou distillation de matières diverses dans les eaux-de-vie précédemment définies. L'eau-de-vie qui leur sert de base est l'eau-de-vie de vin ou, plus généralement, l'alcool d'industrie étendu d'eau, c'est-à-dire réduit au degré de consommation.

Les liqueurs sont préparées de la facon suivante :

I. — *Par distillation:* L'eau-de-vie est distillée en présence de substances aromatiques. Le produit de la distillation est ramené au degré d'alcool voulu, par addition d'eau, puis sucré. C'est ainsi que se préparent l'anisette, le kummel par exemple.

II. — *Par distillation et macération :* L'eau-de-vie est distillée en présence de substances aromatiques, comme précédemment, mais en outre, on fait macérer dans le produit obtenu d'autres substances aromatiques; par suite de cette macération, la liqueur se trouve colorée.

L'absinthe est le type des liqueurs préparées de cette façon.

III. — *Par macération :* Les produits destinés à aromatiser l'eau-de-vie sont simplement mis en macération, pendant un temps plus ou moins long, dans ladite eau-de-vie, laquelle est ensuite sucrée, s'il y a lieu. Le cassis, le guignolet, le sherry sont préparés ainsi.

Les procédés par distillation ou par distillation et macération sont employés pour la fabrication des liqueurs fines. Celles de qualité inférieure sont généralement préparées d'une façon plus simple. En distillant de l'alcool fort avec des plantes, graines ou autres substances aromatiques, on obtient, en effet, des alcoolats concentrés qu'il suffit ultérieurement d'ajouter à l'eau-de-vie pour obtenir une liqueur analogue à celles obtenues par distillation simple. D'autre part, en distillant ces mêmes substances aromatiques avec de l'eau seulement, on obtient ce qu'on appelle une eau distillée parfumée, au dessus de laquelle on voit se réunir une couche d'huile essentielle.... Enfin concurremment, la chimie permet la préparation synthétique de quelques essences.

A l'aide des alcoolats précédents, des eaux distillées parfumées et des huiles essentielles on peut préparer instantanément et économiquement la plupart des liqueurs.

C) *Le troisième groupe* des spiritueux est celui des *vins aromatisés.* Ce sont des vins additionnés d'alcool d'industrie ou d'eau-de-vie de vin et aromatisés par macération de substances végétales diverses contenant des essences, des substances astringentes et dans certains cas des alcaloïdes. Les deux types extrêmes de la série sont le vermouth et les vins de quinquinas.

Il est bien entendu que les vins de liqueur (vins doux naturels et les vins de liqueur, comme les Banyuls, les Frontignan, les Xérès, les Madère, les Malaga et les vins de liqueur préparés à la façon de ces derniers) ne peuvent être compris dans la catégorie des vins aromatisés : ce sont simplement des vins plus ou moins alcoolisés dans lesquels aucun élément étranger au raisin ne doit entrer.

Cette répartition étant admise, il va devenir plus facile de spécifier la composition des boissons nuisibles et de les atteindre pour les prohiber.

Dans sa séance du 28 décembre 1900, sur la proposition de M. Edouard Vaillant, la Chambre invitait le Gouvernement à réclamer de l'Académie de Médecine, l'indication des liqueurs, des apéritifs, des boissons, contenant les essences les plus dangereuses pour la santé publique, afin d'interdire la fabrication, la circulation et la vente de ces liqueurs, apéritifs et boissons.

D'après les définitions qui précèdent on voit que les spiritueux contenant des essences sont, en définitive, les spiritueux appartenant aux deux groupes des liqueurs et des vins aromatisés.

Ce sont ces deux dénominations *liqueurs* et *vins aromatisés* qui auraient dû être employées.

Le mot *apéritif* désigne, indistinctement, des spiritueux appartenant à l'un ou l'autre de deux groupes liqueurs et vins aromatisés, que les consommateurs ont l'habitude de prendre à jeun avant les repas, mais qu'il est techniquement impossible de distinguer des autres par leur composition. C'est une expression qui ne peut avoir aucune valeur, en raison de son imprécision, et qui ne devrait figurer qu'incidemment dans un texte légal

Les hygiénistes du Parlement semblaient jusqu'alors considérer que la toxicité des liqueurs et des vins aromatisés était uniquement due à la présence des essences, d'où le projet de résolution précité et le vote de l'article 13 de la loi du 29 décembre 1900 sur le régime des boissons disposant que « le Gouvernement interdira par décret, la fabrication, la circulation et la vente de toute essence reconnue dangereuse et déclarée telle par l'Académie de Médecine ».

Le 11 novembre 1902 le Président du Conseil, Ministre de l'Intérieur invitait l'Académie de Médecine à déterminer, parmi les essences utilisées, celles qui par leur caractère particulièrement toxique ou par l'abus qui pourrait en être fait, devraient faire l'objet, soit d'une proscription absolue, soit d'une réglementation spéciale.

Le 27 janvier 1903, M Laborde présentait à la savante compagnie, un projet de classification des essences naturelles ou artificielles en deux catégories répondant au désir exprimé par le Gouvernement. Mais les propositions de M. Laborde ne furent pas adoptées et l'Académie, sur le rapport de M. Joffroy, émit dans sa séance du 10 mars 1903 un avis qu'on peut résumer ainsi :

Il ne suffit pas de prohiber l'emploi de certaines essences pour résoudre le problème de l'alcoolisme, car toutes les essences naturelles ou artificielles sont nuisibles et, d'autre part, les spiritueux ne sont pas seulement dangereux par leurs essences, mais aussi par l'alcool qu'ils renferment.

La question était ainsi envisagée dans toute son étendue. Les deux facteurs quantité de l'alcool ingéré et qualité de cet alcool, c'est-à-dire pureté relative dudit alcool — les essences étant assimilables à des impuretés — étaient ainsi nettement dégagés.

Si donc on se propose de faire une classification des spiritueux sur les données qui précèdent, on voit que le premier terme de la série est constitué par l'alcool neutre d'industrie réduit au degré de consommation, l'eau-de-vie blanche, et le dernier par le même alcool renfermant en dissolution et à la plus forte dose les essences extraites par macération et distillation de plantes contenant les produits reconnus comme étant les plus dangereux, c'est-à-dire l'absinthe.

Entre ces deux termes extrêmes, viennent se placer les diverses eaux-de-vie naturelles, vins aromatisés et liqueurs.

A lui seul l'alcool constitue une substance toxique dont les effets nocifs ne sont plus à démontrer, mais cette influence néfaste est encore exaltée par les aldéhydes, les cétones, les éthers qui se forment au cours de la fermentation ou qui existent à l'état naturel dans tous les ingrédients utilisés pour la préparation des boissons aromatisées. La nocuité de ces produits est d'autant plus considérable que l'on passe des dérivés de la série grasse à ceux de la série aromatique, et que la constitution chimique de ces composés se complique davantage. A ce point de vue, le maximum de nocivité paraît devoir être attribué aux dérivés du groupe des terpines bicycliques, dont le principal représentant dans les plantes aromatiques utilisées est la *thuyone*. A dose égale d'alcool, les spiritueux sont donc d'autant plus dangereux qu'ils renferment plus d'essences, car toutes les essences sont nuisibles, mais plus spécialement les essences du groupe du menthane.

On pourrait ajouter qu'à doses égales d'alcool et d'essences, les liqueurs sont d'autant plus dangereuses que leur cœfficient de séduction est plus grand, celles qui séduisent davantage le consommateur étant celles auxquelles il résiste le moins et dont il arrive ainsi à consommer davantage. Il intervient ici un facteur psychique personnel et particulier que les observations des aliénistes ont bien mis en évidence et sur lequel Lunier a, l'un des premiers, attiré l'attention. Il faut songer, en effet, que l'influence exercée par les essences, aussi bien que par l'alcool, sur les neurones du système nerveux central est bien plus intense et accentuée que leur pouvoir toxique.

Il n'est malheureusement pas possible encore de donner des renseignements quelque peu précis sur la valeur toxique individuelle de chacun des composés dont le mélange constitue ce qu'on a appelé les essences, aucun procédé analytique ne permettant jusqu'ici de les distinguer entre elles avec quelque certitude, mais il est possible de les évaluer très approximativement en blocs. D'autre part, il est certainement démontré maintenant que les hydro-carbures, alcools, aldéhydes, cétones du groupe du Sabinène et de la thuyone sont des agents d'une malfaisance redoutable et que leur influence sur les cellules du système nerveux les rend responsables des formes les plus graves de l'alcoolisme aigu.

Il est donc indiqué de proscrire absolument l'emploi des plantes renfermant de la thuyone ou des composés de ce groupe (absinthe, armoise, tonaisie, thuya, sabine, sauge pour ne citer que les principales) ainsi que des produits renfermant de l'aldéhyde benzoique ou capables d'en mettre en liberté par simple hydratation en présence d'un ferment soluble. L'eau de mélisse, le vulnéraire, l'alcool de menthe deviendraient ainsi, ce qu'ils auraient toujours dû rester, des produits pharmaceutiques. Ils constituent en effet de très intéressants et utiles médicaments, L'anisette, le curaçao, le raspail, la chartreuse, entre autres liqueurs fréquemment consommées, verraient leur formule modifiée, de façon à réduire leur teneur en essences. Les vermouths, les bitters, les quinquinas ne pourraient subsister qu'au prix de profondes modifications de leur formule ; et la limitation du degré d'alcool, en même temps que de la richesse en essences, supprimerait ou transformerait complètement les spiritueux vaguement désignés par la qualification *d'amers*.

Mais ces mesures si coercitives qu'elles paraissent, ne sauraient suffire à conjurer le péril croissant de l'alcoolisme si elles n'étaient aidées et corroborées par des mesures d'ordre général, dont l'importance et la nécessité ont été bien mises en évidence dans les rapports très documentés présentés à l'Académie de Médecine par le Professeur Gilbert Ballet et à la Société de Médecine publique par notre collègue le Docteur Mosny. Ce serait augmenter inutilement ce rapport, déjà trop long, que d'entrer dans le détail des considérations qui justifient les mesures proposées par ces deux Collègues ; tout le monde est certainement d'accord avec eux pour les adopter et les diverses Sociétés savantes qui se sont occupées de cette étude ont été unanimes pour approuver l'une des plus importantes d'entre elles l'abolition du privilège des bouilleur de crû.

Dans sa séance du 10 mars 1915 la Société de Thérapeutique « pénétrée du danger économique, moral et social que présente pour la France l'habitude des boissons alcooliques, s'associe à l'unanimité à tout projet ayant pour but de réglementer et de limiter utilement les débits de boissons alcooliques » et a voté la suppression du privilége des bouilleurs de crû ; l'interdiction à tout débitant de boissons d'exercer concurremment un autre commerce (épicerie, tabac, charbon, etc...) ; l'institution d'un impôt supplémentaire élevé frappant les établissements ouverts le soir ainsi que les salles de spectacles ou autres dans lesquelles on débite en même temps des boissons alcooliques ; la répartition des débitants en deux catégories : d'une part ceux qui ne vendent que des boissons dites hygièniques (vin, bières, cidres), d'autre part les débitants de ce que nous désignons ici par l'appellation de spiritueux qui seraient passibles d'un droit de licence beaucoup plus élevé que les premiers ; l'application rigoureuse aux débits de boissons de la loi sur le travail de nuit et sur le repos hebdomadaire ; enfin l'énergique et réelle répression des délits et contraventions aux lois contre l'ivresse et l'alcoolisme.

Partout se révèle actuellement une impulsion, qu'il faut espérer irrésistible, contre les méfaits de l'alcoolisme et il y aurait avantage à rendre légales d'excellentes mesures de défense telles que celles prises récemment de concert entre l'autorité militaire et les préfets d'un certain nombre de départements. D'autre part, les résultats obtenus par ceux qui ont adopté des mesures radicales sont bien faits pour encourager. A la récente ouverture de la Douma, M. Goremykine, Président du Conseil, ne déclarait-il pas que, grâce à l'interdiction des spiritueux, la vie nationale prenait en Russie plus de vigueur. L'argent autrefois gâché dans les débits s'accumulait dans les caisses d'Épargne et permettait l'amélioration des conditions d'existence du travailleur. Comme l'a dit notre collègue Mosny dans son rapport à la Société de Médecine publique, l'exemple de la Russie vaut mieux à cet égard que toutes les discussions.

Il faut profiter du courant d'opinion qui se dessine d'une façon si précise, appuyé par des exemples indiscutables, et saisir l'occasion d'édicter des mesures qui soient vraiment fructueuses.

Votre Commission vous propose, en conséquence, de voter un certain nombre de mesures concordantes et capables de conduire à des résultats efficaces si elles étaient toutes adoptées et rigoureusement appliquées. Ces mesures sont d'ordre général et d'ordre particulier en ce qui concerne spécialement les liqueurs et les vins aromatisés.

A.) *Mesures d'ordre général.*

1° Abolition du privilège des bouilleurs de crû, au besoin avec indemnisation pour empêcher son rétablissement ;

2° Surtaxe de 200 francs par hectolitre d'alcool pur sur toutes les boissons, quelle qu'en soit la nature, dont le degré dépasse 15 ;

3° Application rigoureuse de la loi sur l'ivresse publique et limitation du nombre des débits;

4° Interdiction, sous des peines sévères, de vendre des spiritueux à consommer sur place ou à emporter aux femmes et aux enfants de moins de 18 ans;

5° Interdiction de la vente des spiritueux par les épiciers, marchands de charbons et autres commerçants ;

6° Non-reconnaissance des dettes contractées pour achat de spiritueux au détail.

B.) *Mesures spéciales.*

1° Interdiction de vendre des eaux-de-vie titrant plus de 50° ;

2° Interdiction de la fabrication, de la circulation et de la vente de toute liqueur ou vin aromatisé titrant plus de 25 degrés d'alcool et renfermant plus d'un demi gramme d'essences par litre;

3° Interdiction de l'emploi pour aromatiser les boissons spiritueuses de produits chimiques ou plantes renfermant, parmi leurs constituants normaux, de la thuyone, de l'aldéhyde benzoïque, de l'aldéhyde et des éthers salicyliques ;

4° Interdiction de la vente des spiritueux en dehors des salles de restaurant et autrement que comme accessoire de la nourriture.

Il demeure bien entendu que les vins doux naturels et les vins de liqueur tels que : Banuyls, Frontignan, Xérés, Madère, Porto, Malaga ainsi que les vins de liqueur préparés à la façon de ces derniers ne seront pas considérés comme faisant partie du groupe des vins aromatisés.

Ils seront seulement passibles d'une surtaxe de 200 francs par hectolitre d'alcool pur au dessus de 15° et ne devront pas dépasser 25°.

Quant aux liqueurs et alcoolats préparés d'après les formules du Codex, ils seraient exempts de surtaxe à la condition qu'ils soient soumis au régime des produits pharmaceutiques.

Les alcoolats destinés à la parfumerie seraient également exempts de surtaxe.

Composition moyenne comparée des principaux types de liqueurs et de vins aromatisés.

DÉSIGNATION	DEGRÉ ALCOOLIQUE	SUCRE PAR LITRE	ALCALOÏDES ET DIVERS	ESSENCES PAR LITRE	ESSENCES TOXIQUES d'essences globales.	ESSENCES PAR LITRE : la liqueur proposée ramenée à 50°.	SUCRE PAR LITRE de liqueur proposée ramenée à 50°.
		grammes.		grammes.	p. 100	grammes.	grammes.
Vermouth Turin	15	160	»	0,200	1	0,666	S. R. 533
Vermouth	17	45	»	0,120	3	0,353	S. R. 132
Quinquina D.	16	180	quinine vanille	»	»	»	S. R. 562
Byrrh	18	120	id.	»	»	»	S. R. 333
Gentiane	22	130	»	»	»	»	295
Anisette	25	550	»	0,600	»	1,200	1.100
Guignolet	25	300	C Az H	»	»	»	600
Cassis	26	430	»	0,350	»	0,673	828
Vespetro	28	430	»	0,546	»	0,975	767
Liqueur de noyau	28	560	»	0,250	100	0,446	1.000
Menthe	28	520	»	0,500	»	0,892	928
Curaçao	27	430	»	0,600	»	1,111	796
Curaçao triple sec	42	350	»	0,600	»	0,714	416
Sherry	38	260	C Az H	0,200	»	0,262	342
Brou de noix	43	430	»	»	»	»	500
Bénédictine	43,5	350	»	0,050	»	0,057	402
Chartreuse Bl.	36	375	»	0,150	8	0,208	520
Chartreuse jaune	44	250	»	0,100	10	0,113	284
Chartreuse verte	52	250	»	0,050	»	0,018	240
Raspail	46	500	»	1,700	»	1,817	513
Kummel	50	400	»	0,800	»	0,800	400
Goudron	40	240	»	0,060	»	0,070	300
Amer	38	25	»	0,170	»	0,223	32
Amer Picon	40	20	»	0,150	»	0,187	25
Bitter angostura	40	»	»	0,080	50	0,100	»
Bitter angostura	40	»	quinine	0,500	12	0,625	»
Bitter par essences	40	»	»	0,500	20	0,625	»
Bitter par essences	36	»	»	0,666	20	0,925	»
Bitter hollandais	50	»	»	2,000	»	2,000	»
Bitter ord.	44	»	»	2,500	»	2,840	»
Quina	27	»	quinine	2,000	»	3,704	»
Bervantine	33,5	40	»	1,300	»	1,940	60

DÉSIGNATION	DEGRÉ ALCOOLIQUE	SUCRE PAR LITRE	ALCALOIDES ET DIVERS	ESSENCES PAR LITRE	ESSENCES TOXIQUES d'essences globales.	ESSENCES PAR LITRE : la liqueur proposée ramenée à 50°.	SUCRE PAR LITRE de liqueur proposée ramenée à 50°.
		grammes.		grammes.	p. 100	grammes.	grammes.
Sucranis	43,4	»	»	0,780	»	0,898	»
La « Sainte »	55	»	»	1,750	»	1,590	»
Oxygénée Oustrie	56,6	»	»	1,660	»	1,466	»
Élixir Hyg. Oxygén	49,7	»	»	1,920	»	1,931	»
Apéritif Hyg. Gabino	65	»	»	1,550	»	1,192	»
Anizo-Oxygéné	64,5	»	»	2,250	»	1,744	»
Absinthe	65	»	»	2,750	20	2,115	»
Eau-de-mélisse	90	»	»	6,680	»	3,711	»
Vulnéraire	90	»	»	3,970	17	2,205	»

Composition moyenne comparée des diverses eaux-de-vie.

DÉSIGNATION	DEGRÉ ALCOOLIQUE	EN MILLIGRAMME PAR LITRE						
		ACIDES volatils.	ALDÉHYDES	Furforol	ETHERS	ALCOOLS supérieurs	ACIDE cyanhydrique.	TOTAUX
Eau-de-vie blanche	45	15	5	»	20	traces.	»	40
Genièvre	45	90	36	5	90	180	»	401
Whisky	50	250	100	20	300	1.250	»	1.920
Cognac	44,5	276	59	15	579	1.019	»	1.948
Kirsch	50	650	100	10	1.625	480	30	2.815
Rhum	45	900	135	15	1.350	450	»	2.850
Eau-de-vie de prunes	50	600	60	15	1.000	1.250	10	2.925
Calvados	60	450	120	6	1.800	1.200	»	3.576
Marc de Bourgogne	50,6	575	725	4	1.100	1.690	»	4.094

1926. — MELUN. IMPRIMERIE ADMINISTRATIVE. — M 733

www.ingramcontent.com/pod-product-compliance
Lightning Source LLC
LaVergne TN
LVHW052019160826
845678LV00003B/1117

* 9 7 8 2 3 2 9 6 4 9 1 6 0 *